F Pièce
2118.

NOTE

SUR LA TRANSFORMATION

DES

SOCIÉTÉS CIVILES

EN SOCIÉTÉS ANONYMES

OU EN COMMANDITE PAR ACTIONS

PAR

CH. THELLIER DE PONCHEVILLE

AVOCAT

ANCIEN DÉPUTÉ DU NORD

PARIS

IMPRIMERIE ET LIBRAIRIE CENTRALES DES CHEMINS DE FER

IMPRIMERIE CHAIX

SOCIÉTÉ ANONYME AU CAPITAL DE CINQ MILLIONS

Rue Bergère, 20

1894

NOTE

SUR LA TRANSFORMATION

DES

SOCIÉTÉS CIVILES

EN SOCIÉTÉS ANONYMES

OU EN COMMANDITE PAR ACTIONS

PAR

CH. THELLIER DE PONCHEVILLE

AVOCAT

ANCIEN DÉPUTÉ DU NORD

DÉPÔT LÉGAL
Seine
N° 2018
1894

PARIS

IMPRIMERIE ET LIBRAIRIE CENTRALES DES CHEMINS DE FER

IMPRIMERIE CHAIX

SOCIÉTÉ ANONYME AU CAPITAL DE CINQ MILLIONS

Rue Bergère, 20

1894

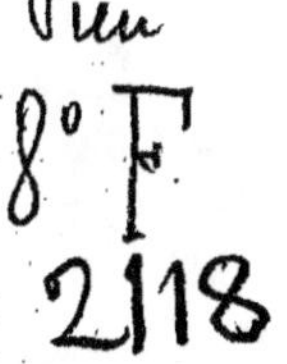

Pièn
8° F
2118

NOTE

SUR LA TRANSFORMATION

DES

SOCIÉTÉS CIVILES

EN SOCIÉTÉS ANONYMES

OU EN COMMANDITE PAR ACTIONS

La loi du 1ᵉʳ août 1893 contient, entre autres dispositions transitoires (art. 7), la disposition suivante tirée d'une proposition déposée le 31 janvier 1890 par un certain nombre de députés :

« Les Sociétés civiles actuellement constituées sous d'autres formes pourront, si leurs statuts ne s'y opposent pas, se transformer en Sociétés en commandite ou en Sociétés anonymes, par décision d'une Assemblée générale spécialement convoquée et réunissant les conditions tant de l'acte social que de l'article 31 ci-dessus (1). »

Dans la pensée des auteurs de cette proposition, elle avait pour objet de « faciliter la transformation des Sociétés qui, constituées, avec ou sans actions, sous une autre forme que celles qui sont tracées par la loi de 1867, voudront se placer sous l'empire de cette loi (2). »

---

(1) C'est-à-dire de l'article 31 de la loi du 24 juillet 1867, à laquelle les dispositions de la loi du 1ᵉʳ août 1893 doivent s'incorporer.

(2) Proposition de M. Thellier de Poncheville et de plusieurs de ses collègues. 5ᵉ législature, n° 280. Exposé des motifs.

Elle visait en particulier, ainsi que l'a fait remarquer M. Clausel de Coussergues, rapporteur de la loi à la Chambre, les Sociétés houillères du Nord et du Pas-de-Calais.

La plupart de ces Sociétés, en effet, bien que constituées en Sociétés civiles régies par les articles 1832 et suivants du Code civil, ont cependant divisé leur avoir en actions, quelques-unes même en actions au porteur. Leurs titres circulent, se négocient, se vendent en Bourse comme des actions industrielles. Cependant ceux qui les possèdent, qui les achètent ne sont pas des actionnaires; ce sont des associés civils tenus personnellement du passif de la Société. C'est là une situation hybride et qui n'est pas sans périls.

Cet état de choses, que les auteurs du projet devenu loi avaient observé dans le Nord et le Pas-de-Calais, peut d'ailleurs se rencontrer et se rencontre sans aucun doute dans nos autres bassins houillers.

Il a donc paru utile d'examiner sommairement comment les Sociétés de mines qui voudront user du bénéfice de la loi, pourront le faire, et quelles sont les conséquences qu'entraînera pour elles leur transformation.

I

Conditions de la transformation.

La première condition, pour que la transformation puisse s'opérer, c'est que les statuts de la Société à transformer ne s'y opposent pas.

Ils s'y opposeraient si toute modification à l'acte social, si tout changement dans la forme de la Société s'y trouvait interdit. Mais le silence n'est pas une interdiction. La transformation, bien que non prévue, est permise; il suffit qu'elle ne soit pas expressément prohibée. La loi l'a voulu ainsi.

Comment s'opérera la transformation? Comme une simple

modification aux statuts, par une décision de la majorité de l'Assemblée générale.

Cette Assemblée devra être spécialement convoquée à cet effet.

Elle devra réunir les conditions prescrites par l'article 31 de la loi du 29 juillet 1867, c'est-à-dire qu'elle devra « être composée d'un nombre d'actionnaires représentant la moitié au moins du capital social ».

Si, en outre, l'acte social exige d'autres conditions pour la composition des Assemblées qui doivent délibérer sur des modifications aux statuts ou de la majorité nécessaire à la validité des décisions, on devra également s'y conformer. Il faudra donc donner satisfaction tout à la fois aux prescriptions de la loi de 1867 et à celles des statuts.

Une question pratique peut se poser ici.

Les statuts de la plupart des Sociétés civiles n'admettent aux Assemblées générales que les personnes qui possèdent un certain nombre d'actions.

Doit-on, pour cette délibération spéciale, en appeler d'autres?

En principe, je ne le crois pas.

La loi de 1867, en effet, ne contient à cet égard aucune prescription particulière. Elle laisse au contraire aux statuts de chaque Société le soin et la liberté de déterminer le nombre d'actions qu'il est nécessaire de posséder pour être admis aux Assemblées générales. Il n'y aura donc, le plus souvent, qu'à se conformer aux statuts (1).

Toutefois, il pourrait se rencontrer des Sociétés dont la constitution serait tellement oligarchique que les associés appelés à composer l'Assemblée générale ne représenteraient pas la moitié du capital social.

Si l'on se trouve dans ce cas, il faudra, pour donner satisfaction à l'article 31 de la loi de 1867, élargir le champ des

---

(1) L'article 4 de la loi nouvelle, qui sera applicable à la Société transformée, ne nous paraît pas l'être, de droit, à l'Assemblée qui votera la transformation ; mais il pourra être prudent d'en accorder, pour cette assemblée même, le bénéfice aux actionnaires qui le réclameraient.

admissions à l'Assemblée générale spéciale ; et comme on ne saurait, sans tomber dans l'arbitraire, lui imposer d'autres limites, à défaut de celles tracées par les statuts, on devra convoquer *tout le monde*.

L'Assemblée générale régulièrement convoquée et réunie se prononcera, à la majorité, sur le principe de la transformation ; puis elle arrêtera les statuts de la Société transformée.

Ces statuts devront être conformes aux prescriptions de la loi de 1867. Il est inutile de les énumérer ici puisqu'elles n'ont rien de spécial à l'objet qui nous occupe. Rappelons seulement que cette loi, modifiée par celle du 1er août 1893, a fixé à cent francs la valeur minima des actions ou coupures d'actions lorsque le capital est supérieur à 200.000 francs ; et à vingt-cinq francs quand il n'excède pas ce chiffre. Il ne paraît pas douteux que la limitation par la loi du taux *minimum* de l'action implique l'obligation d'attribuer au capital social une valeur déterminée, ce que les statuts d'un certain nombre de Sociétés houillères s'étaient dispensé de faire jusqu'ici.

Une fois adoptés, les nouveaux statuts devront être déposés et publiés conformément à la loi.

II

Conséquences de la transformation.

On peut ranger ces conséquences sous trois chefs principaux :

A. — Conséquences au point de vue de la responsabilité des associés, de la forme des actions, etc.

B. — Conséquences au point de vue du caractère civil ou commercial de la Société.

C. — Conséquences fiscales.

A.

Au point de vue de la situation des associés vis-à-vis des créanciers sociaux, on aperçoit tout de suite la modification profonde qui résultera de la transformation.

Actuellement, les membres des Sociétés minières, Sociétés civiles, sont responsables personnellement du passif social (1) : tous pour une part égale vis-à-vis des tiers, et chacun au prorata de son intérêt pour la répartition finale à faire entre eux. (Art. 1863 et 1853 du Code civil.)

L'adoption de l'anonymat ou de la commandite par actions aura pour effet de dégager les associés actionnaires de toute responsabilité personnelle. Les créanciers n'auront plus d'autre débiteur que l'avoir social et celui du gérant si la Société est en commandite, et l'avoir social seulement si elle est anonyme.

Une autre modification peut résulter, si on le veut, de la transformation : c'est la création, régulière, cette fois, d'actions au porteur. La plupart des Sociétés transformées, sinon toutes. continueront à subsister avec leur capital antérieurement versé ; dès lors, leurs actions seront entièrement libérées et pourront être immédiatement converties en actions au porteur. Cette création sera de nature à faciliter singulièrement la circulation des titres et à en élargir le marché. Il ne faut pas perdre de vue toutefois les conséquences qu'elle pourra entraîner au point de vue fiscal, et que nous examinerons tout à l'heure.

B. — Caractère commercial de la Société par actions.

Par une innovation qui n'était pas dans les intentions des auteurs du projet et qui peut paraître critiquable, la loi du 1er août 1893 déclare que les Sociétés qui se constitueront sous la forme anonyme ou en commandite par actions, quel que soit leur objet, seront commerciales et soumises aux lois et usages du commerce. C'est un grave changement apporté aux principes admis jusqu'ici. c'est l'abrogation d'une disposition de la loi de 1810 qui déclarait les Sociétés de mines Sociétés civiles.

---

(1) A moins que ces Sociétés aient adopté les formes tracées par la loi de 1867 pour les Sociétés commerciales par actions ; et encore le droit de le faire efficacement leur était-il contesté par certains auteurs, avant la loi du 1er août 1893.

BIBLIOTHÈQUE NATIONALE

Les conséquences sont les suivantes :

La Société houillère transformée en Société en commandite par actions ou anonyme sera justiciable des tribunaux de commerce et non plus des tribunaux civils.

Les lois sur la faillite et la liquidation judiciaire lui seront applicables.

Elle sera légalement obligée, — mais ceci n'ajoutera certainement rien à la pratique actuelle, — de tenir les livres prescrits par le code de commerce.

C. — Conséquences fiscales.

C'est un côté de la question qui ne saurait être examiné de trop près.

Voici divers points sur lesquels il est utile d'attirer l'attention des Sociétés qui voudront se transformer.

§ 1er. — DROIT SUR LE CAPITAL.

Sera-t-il dû un droit sur le capital indiqué dans les statuts de la Société transformée ?

Et d'abord devra-t-on payer le droit proportionnel de mutation dû par toute Société qui apporte à une autre Société son actif, à charge de payer son passif ?

On peut répondre négativement, sans aucune hésitation.

Des termes et de l'esprit de la loi nouvelle, il résulte bien que la transformation ne créera pas une Société nouvelle, distincte de l'ancienne et à laquelle celle-ci céderait son actif. C'est toujours la même Société, bien que sous une autre forme; les statuts étant simplement modifiés, l'être moral préexistant continue à vivre avec le même objet, les mêmes membres, le même capital. Il n'y a pas de doute possible sur ce premier point.

Mais une question plus délicate pourra se poser à propos du droit gradué de 50 centimes pour 100 francs, dû sur toute constitution ou augmentation de capital. Nous ne parlons pas de l'hypothèse où la Société transformée aura réellement augmenté son capital en se transformant; il est clair qu'en ce cas le droit sera dû sur la différence. Mais nous faisons allusion à une autre situation qui se présentera fréquemment.

Dans beaucoup de nos Sociétés houillères du Nord et du Pas-de-Calais, — pour ne citer que celles-là, — le capital, lorsqu'il est indiqué dans les statuts primitifs, y figure pour un chiffre fort peu élevé. Pour celles de ces Sociétés qui ont prospéré, il se trouve que le développement successif des affaires de la Société, l'accumulation des réserves, etc., ont amené l'avoir social à une valeur de beaucoup supérieure à ce capital d'origine.

Il faudra bien que celui-ci soit majoré dans l'estimation qui en sera faite par les nouveaux statuts, et cela pour deux raisons. D'abord, pour que cette estimation ne s'écarte pas d'une façon trop flagrante de la réalité des choses ; ensuite, parce qu'il est nécessaire que la valeur nominale des actions ou coupures d'actions représente au moins le *minimum* de 100 francs exigé par la loi.

On peut citer, par exemple, telle Société, créée au capital nominal de 600.000 francs, et qui compte aujourd'hui vingt mille titres ; elle devra évaluer son avoir actuel à 2 millions au moins (20.000 $\times$ 100) ; elle l'estimera plus haut encore, si elle ne veut pas s'interdire pour l'avenir la faculté de subdiviser ses titres en nouvelles coupures.

L'Administration de l'Enregistrement ne manquera pas de prétendre qu'on se trouve en présence d'une véritable augmentation de capital sur laquelle le droit gradué doit être perçu.

On pourra répondre à cette prétention : on dira qu'il n'y a pas d'augmentation de capital quand *il n'y a pas de nouvel apport ;* qu'au moment où la Société s'est transformée, personne n'a apporté de nouveaux fonds ni de nouvelles valeurs ; que le chiffre indiqué aux statuts modifiés n'est que la constatation d'un état de choses préexistant, la manifestation de la plus-value que les choses sociales ont acquise progressivement, au cours de l'existence antérieure de la Société, et non pas d'une addition quelconque faite en vue de la transformation. Et pour le succès de cette argumentation, on ne saurait trop recommander aux rédacteurs des nouveaux statuts de bien y marquer ce caractère

du capital restant après ce qu'il était avant, de la Société conti-
nuant à subsister activement et passivement, sous sa forme nouvelle, sans augmentation ni diminution d'aucune sorte.

La question ne laissera pas toutefois que d'être délicate (1).

Toutefois, il ne faut pas s'exagérer les dangers et l'importance
de la perception dont on sera ainsi menacé. Il ne s'agit, en
somme (comme nous l'avons rappelé), que de cinquante centimes
pour cent francs, *une fois perçus*, soit cinq francs pour mille
francs et cinq mille francs pour un million d'augmentation ou
de prétendue augmentation de capital.

Il est d'autres Sociétés dont les statuts primitifs n'indiquent pas
le capital. Leur situation sera beaucoup plus favorable au point
de vue qui vient de nous préoccuper. Quelle que soit l'évaluation
que l'on fasse du capital social dans les nouveaux statuts, il
sera bien difficile de prétendre que cette évaluation constitue une
augmentation d'un capital qui, jusque-là, n'a pas été officielle-
ment chiffré. Nous pensons que la Régie ne serait pas recevable
à prouver l'existence de cette augmentation.

§ 2. — TIMBRE DES ACTIONS

On sait que la loi du 5 juin 1850 frappe les actions des Sociétés
d'un droit proportionnel de timbre (soit un pour cent du capital
lors du timbrage de l'action, soit un abonnement de cinq centimes par cent francs, perçu chaque année, doubles décimes en
sus). Sont affranchies de cette taxe les actions dont la cession
n'est parfaite à l'égard des tiers qu'au moyen des conditions
déterminées par l'article 1690 du Code civil. Ces conditions sont
la signification à la Société de l'acte qui constate la cession, ou

---

(1) Il serait malaisé de citer des précédents de jurisprudence, car la situation
est nouvelle. Sous l'empire de la loi de 1867, on trouve bien des Sociétés en
commandite transformées en Sociétés anonymes, par application de l'article 19
de cette loi. La Régie a reconnu que l'acte constatant la transformation n'était
pas soumis au droit gradué *s'il ne contenait aucun changement* dans la durée
ni dans le chiffre du capital social. (Solution du 12 septembre 1876. Dalloz, 1877,
3ᵉ partie, page 55.) Mais la question est justement de savoir s'il y a changement dans le capital social par le fait que l'acte de transformation constate une
plus-value antérieurement acquise. Elle n'a pas encore été tranchée, à notre
connaissance.

l'acceptation de cette cession consentie par la Société dans un acte authentique. Les actions dont la transmission est soumise à ce régime sont simplement timbrées au timbre de dimension.

Rien n'empêche qu'il en soit encore ainsi, après la transformation de la Société, si les nouveaux statuts continuent à soumettre les cessions d'actions aux règles de l'article 1690; mais il est bien clair que l'on devra payer le droit proportionnel, si l'on veut créer soit des actions nominatives plus facilement négociables, soit des actions au porteur. Ce droit sera calculé, sans aucun doute possible, sur le montant du capital qui apparaîtra au moment du timbrage, c'est-à-dire du capital inscrit dans les nouveaux statuts.

Mais pour les Sociétés qui, dès à présent, supportent le timbre proportionnel, il pourra se poser une question analogue à celle que nous avons rencontrée à propos du droit gradué. S'il n'y a pas de changement dans l'estimation du capital, tout sera pour le mieux. La Société civile devenue Société anonyme, par exemple, devra créer de nouveaux titres indiquant la forme sociale adoptée, etc.; mais ces titres n'étant que le renouvellement des anciens devront être timbrés gratis. Il en sera autrement si le capital porté aux statuts est supérieur à celui qui a servi de base au paiement du droit ou à l'abonnement lors du timbrage des titres primitifs.

La Régie ne manquera pas de prétendre que le timbrage des nouveaux titres entraîne le paiement d'un nouveau droit ou un nouvel abonnement, calculés l'un et l'autre sur le capital majoré. Et ici sa prétention sera sûrement fondée (à consulter, par analogie, deux décisions, l'une du Tribunal de la Seine, l'autre du Tribunal de Bordeaux; (Dalloz, 1869, 5, 95 et 1874, 3, 479).

§ 3. — DROIT DE TRANSMISSION.

En ce qui concerne le droit de transmission établi par les lois des 23 juin 1857, 16 septembre 1871 et 29 juin 1872, la transformation des Sociétés civiles n'entraînera aucune innovation.

Ce droit est perçu au moment des cessions d'actions, si celles-ci ne peuvent s'opérer, d'après les statuts, qu'au moyen d'un transfert inscrit sur les livres sociaux, conformément à l'article 36 du Code de commerce. Il est remplacé par une taxe annuelle, si la transmission peut s'opérer autrement.

Dans le premier cas, le droit est proportionnel au prix de la cession ; dans le second cas, il est calculé sur le capital, mais ce capital est estimé d'après le cours moyen des actions pendant l'année précédente.

Il n'y a donc ici aucune relation entre l'importance de la taxe et le capital inscrit dans les statuts.

Ajoutons que rien n'empêche une Société anonyme, si elle ne trouve pas d'avantage à émettre des actions au porteur, de s'en tenir au mode de transfert de l'article 36 C. com., et de s'affranchir ainsi de la taxe annuelle.

§ 4. — Taxe de mainmorte.

Une loi du 20 février 1849 a soumis les immeubles passibles de la contribution foncière, possédés par les départements, communes, hospices, séminaires, etc., etc., et par *les Sociétés anonymes*, à une taxe calculée à raison de 0 fr. 625 (soixante deux centimes et demi) pour franc du principal de la contribution foncière. Bien qu'il soit écrit dans la loi elle-même que cette taxe est représentative des droits de transmission entre vifs et par décès, il est aujourd'hui jugé — et on ne peut plus contester — qu'elle a survécu à l'établissement du droit spécial de transmission dont il vient d'être parlé au paragraphe précédent.

D'autre part, il est également constant qu'elle n'atteint pas les immeubles possédés par des Sociétés civiles, alors même que le capital de ces Sociétés est divisé en actions (V. notamment C. d'État, 7 juin 1851 ; aff. de la Compagnie des mines de Douchy).

Il est donc certain que les Sociétés de mines qui se transformeront en Sociétés *anonymes* verront, de ce chef, s'augmenter leurs contributions foncières dans la proportion ci-dessus indiquée. Par une anomalie assez bizarre, elles ne supporteraient pas cette surcharge si elles adoptaient la forme de la commandite par actions.

§ 5. — Patente.

Les Sociétés civiles devant, aux termes de la loi de 1893, devenir commerciales si elles se transforment en Sociétés par actions, s'ensuivra-t-il qu'elles seront soumises à la patente qui frappe les commerçants et les Sociétés de commerce? Quelqu'un a paru le craindre, au cours de la discussion de la loi au Sénat. Pour les Sociétés de mines, cette crainte ne peut pas être fondée. La loi de 1810 exempte formellement de la patente l'exploitation des mines (art. 32); pour abroger cette disposition expresse, il en faudrait une autre également expresse. Or, celle-ci ne se rencontre pas dans la loi de 1893.

Elle serait d'ailleurs injustifiable, car les Sociétés minières supportent déjà, sous forme de redevance proportionnelle, un impôt analogue à celui des patentes.

Telles sont, au point de vue juridique, les principales conséquences de l'usage que feraient les Compagnies minières de la faculté ouverte aux Sociétés civiles par la loi du 1er août 1893.

Si l'on veut s'élever à des considérations plus générales, on reconnaîtra aisément que la transformation de ces Sociétés facilitera la circulation et le morcellement de leurs titres; qu'elle pourra donc favoriser — si l'on peut parler ainsi — la *démocratisation* de la propriété minière. De bons esprits tiennent ce résultat pour désirable. Rendre la possession de nos actions accessible aux bourses les plus modestes, aux petits commerçants qui vivent dans le voisinage de la mine, aux employés subalternes, à l'ouvrier laborieux, ne serait-ce pas faire œuvre utile? Utile dans l'ordre de la pacification sociale à laquelle nous devons travailler autour de nous; utile même à nos intérêts si nous formons à nos entreprises une clientèle d'amis dans des milieux qui, trop souvent, leur sont hostiles !

Cette idée a, dans ces derniers temps, fait quelque chemin. Nous ne faisons que l'indiquer, estimant que nous sortirions de l'objet de ce modeste travail, si nous abordions ici cet ordre de considérations.

ANNEXE

Loi du 1ᵉʳ août 1893, modifiant la loi du 24 juillet 1867 sur les Sociétés.

ARTICLE PREMIER. — Les paragraphes 1 et 2 de l'article 1ᵉʳ de la loi du 24 juillet 1867 sont modifiés comme suit :

§ 1ᵉʳ. — Les Sociétés en commandite ne peuvent diviser leur capital en actions ou coupures d'actions de moins de 25 francs, lorsque le capital n'excède pas 200.000 francs, de moins de 100 francs lorsque le capital est supérieur à 200.000 francs.

§ 2. — Elles ne peuvent être définitivement constituées qu'après la souscription de la totalité du capital et le versement en espèces par chaque actionnaire du montant des actions ou coupures d'actions souscrites par lui, lorsqu'elles n'excèdent pas 25 francs, et du quart au moins des actions lorqu'elles sont de 100 francs et au-dessus.

ART. 2. — L'article 3 est modifié comme suit :

Art. 3. — Les actions sont nominatives jusqu'à leur entière libération. Les actions représentant des apports devront toujours être intégralement libérées au moment de la constitution de la Société.

Ces actions ne peuvent être détachées de la souche et ne sont négociables que deux ans après la constitution définitive de la Société.

Pendant ce temps elles devront, à la diligence des administrateurs, être frappées d'un timbre indiquant leur nature et la date de cette constitution.

Les titulaires, les cessionnaires intermédiaires et les souscripteurs sont tenus solidairement du montant de l'action.

Tout souscripteur ou actionnaire qui a cédé son titre cesse, deux ans après la cession, d'être responsable des versements non encore appelés.

Art. 3. — A l'article 8 sont ajoutées les dispositions suivantes :

L'action en nullité de la Société, ou des actes et délibérations postérieurs à sa constitution, n'est plus recevable lorsque, avant l'introduction de la demande, la cause de nullité a cessé d'exister. L'action en responsabilité, pour les faits dont la nullité résultait, cesse également d'être recevable lorsque, avant l'introduction de la demande, la cause de nullité a cessé d'exister et, en outre, lorsque trois ans se sont écoulés depuis le jour où la nullité était encourue.

Si, pour couvrir la nullité, une assemblée générale devait être convoquée, l'action en nullité ne sera plus recevable à partir de la date de la convocation régulière de cette assemblée.

Ces actions en nullité contre les actes constitutifs de la Société sont prescrites par dix ans.

Cette prescription ne pourra, toutefois, être opposée avant l'expiration des dix années qui suivront la promulgation de la présente loi.

Art. 4. — Au paragraphe 1er de l'article 27 est ajouté ce qui suit :

Tous propriétaires d'un nombre d'actions inférieur à celui déterminé pour être admis dans l'assemblée pourront se réunir pour former le nombre nécessaire et se faire représenter par l'un d'eux.

Art. 5. — Dans le paragraphe 1er de l'article 42, aux mots « responsables solidairement envers les tiers sans préjudice du droit des actionnaires », sont substitués les termes suivants : responsables solidairement envers les tiers et les actionnaires du dommage résultant de cette annulation.

Au même article est ajouté le paragraphe suivant :

L'action en nullité et celle en responsabilité en résultant sont soumises aux dispositions de l'article 8 ci-dessus.

Art. 6. — Sont ajoutées à la loi les dispositions suivantes :

Dispositions diverses.

Art. 68. — Quel que soit leur objet, les Sociétés en commandite ou anonymes qui seront constituées dans les formes du code de commerce ou de la présente loi seront commerciales et soumises aux lois et usages du commerce.

Art. 69. — Il pourra être consenti hypothèque au nom de toute Société commerciale en vertu des pouvoirs résultant de son acte de formation, même sous seing privé, ou des délibérations ou autorisations constatées dans les formes réglées par ledit acte. L'acte d'hypothèque sera passé en forme authentique, conformément à l'article 2127 du code civil.

Art. 70. — Dans le cas où les Sociétés ont continué à payer les intérêts ou dividendes des actions, obligations ou tous autres titres remboursables par suite d'un tirage au sort, elles ne peuvent répéter ces sommes lorsque le titre est présenté au remboursement.

Art. 71. — Dans l'article 50, paragraphe 1er, sont supprimés les mots : « ils ne pourront être inférieurs à 50 francs.

Dispositions transitoires.

ART. 7. — Pour les Sociétés par actions en commandite ou anonymes déjà existantes, sans distinction entre celles antérieures à la loi du 24 juillet 1867 et celles postérieures, il n'est pas dérogé à la faculté qu'elles peuvent avoir de convertir leurs actions en titres au porteur avant libération intégrale.

Quant aux actions nominatives des mêmes Sociétés, les deux ans après lesquels tout souscripteur ou actionnaire qui a cédé son titre cesse d'être responsable des versements non appelés ne courront, à l'égard des créanciers antérieurs à la présente loi, qu'à partir de l'entrée en vigueur de la loi et sauf application de l'article 2257 du code civil pour les créances conditionnelles ou à terme et les actions en garantie.

Les dispositions de l'article 8 et celles de l'article 42 s'appliquent aux Sociétés déjà constituées sous l'empire de la loi du 24 juillet 1867.

Dans les mêmes Sociétés, l'action en nullité résultant des articles 7 et 41 ne sera plus recevable si les causes de nullité ont cessé d'exister au moment de la présente loi.

En tout cas, l'action en responsabilité pour les faits dont la nullité résultait ne cessera d'être recevable que trois ans après la présente loi.

Les Sociétés civiles actuellement constituées sous d'autres formes pourront, si leurs statuts ne s'y opposent pas, se transformer en Sociétés en commandite ou en Sociétés anonymes par décision d'une assemblée générale spécialement convoquée et réunissant les conditions, tant de l'acte social que de l'article 31 ci-dessus.

PARIS. — IMPRIMERIE CHAIX. — 9211-4-94. — (Encre Lorilleux).

www.ingramcontent.com/pod-product-compliance
Lightning Source LLC
LaVergne TN
LVHW021056050726
842519LV00005B/1677